AF235857

Wachteln halten - Das Wachtel 1x1

Von der Vorbereitung, über den Kauf bis zur erfolgreichen Wachtelhaltung und Wachtelzucht - inkl. Pflege, Ernährung, Stallung, gesetzliche Bestimmungen uvm.

Maximilian Kobus

INHALT

Das erwartet Sie in diesem Buch 1

Was sind Wachteln? 3

    Herkunft und Verbreitung 4

    Natürlicher Lebensraum 5

    Gefährdung..6

    Verhalten...7

Wachtelrassen und ihre Merkmale 8

    Zierwachteln, Zwergwachteln und Legewachteln 8

Warum Wachteln halten? 11

Wachtelkauf 14

Zusammenstellung der Wachtelgruppe 17

Start in die Wachtelhaltung 20

Artgerechte Unterbringung der Wachtel..............22

    Wachtelstall..24

    Gatter/Gehege...25

    Voliere 26

    5 Tipps, wie Sie Wachteln vor Fressfeinden
    schützen 27

Grundausstattung des Wachtelstalls........................30

    Futterplatz...31

Unterschlupfmöglichkeiten 32

Einstreu 33

Sandbad 36

Wachtel-Ernährung 39

Basisfutter 40

Futter für Wachtelküken...................................41

Snacks 42

Haltung im Winter 44

Winterfeste Unterbringung 45

Eierlegen und Fütterung im Winter 48

Pflege der Wachteln..49

Sauberkeit der Unterbringung...........................50

Wachteln zähmen 51

Krankheiten, deren Vorbeugung und Heilung...53

Versorgung der Wachteln im Urlaub.................57

Wachteleier...58

Legenest 60

Wachteleier essen...61

Zubereitung von Wachteleiern 62

Wachtelzucht 65

Naturbrut 65

Kunstbrut..66

Start des Brütens 67

Kükenaufzucht...69

Die 9 häufigsten Fehler bei der Aufzucht der
Wachtelküken 71

Gesetze zur Wachtelhaltung......................................76

Meldepflicht...76

Impfen 77

Das erwartet Sie in diesem Buch

Die Wachtelhaltung ist ein faszinierendes, eigenständiges und gleichzeitig nützliches Hobby mit vielen Facetten und Freuden. Und genau das entdecken immer mehr Menschen in Deutschland für sich. Sei es, weil sie sich schon immer mal etwas Landleben nach Hause holen wollten, keinen Platz für ausgewachsene Hühner haben, oder einfach, weil sie die kleinen Vögel schön und interessant finden. Wenn Sie auch dazugehören und mit dem Gedanken spielen, in die Wachtelhaltung einzusteigen, sind Sie mit diesem Buch für den Start richtig ausgestattet.

Dieser speziell für Einsteiger konzipierte Ratgeber führt Sie in die Welt der Wachteln. Egal, ob Sie sie zur Zierde halten wollen, wegen ihres Artenreichtums und spannenden Verhaltens, oder als Nutztier, um Wachteleier zu legen, die als Delikatesse gelten: Von der Geschichte und Herkunft der Wachteln über den Kauf bis hin zur Unterbringung und Ausstattung kriegen Sie alle Infos, die Sie benötigen, um die artgerechte Haltung der Wachteln von Anfang an und zu allen Jahreszeiten sicherzustellen.

Dabei gibt es viele Tipps und Tricks, wie Sie ganz einfach selbst Ihre Ausstattung erstellen, ohne teures Material zu kaufen, und wie Sie den kleinen Vögeln ein unbeschwertes und entspanntes Leben bieten. Aber auch die richtige Fütterung, Pflege und gesundheitliche Versorgung ist in diesem Ratgeber detailreich abgedeckt. Erfahren Sie außerdem, wie Sie Ihre eigenen Wachteln züchten und was Sie brauchen, um die niedlichen Küken richtig aufzuziehen.

Was sind Wachteln?

Die Wachtel gehört zur Ordnung sogenannter Hühnervogel. Das sind meistens größere Vögel, die auf dem Boden leben und besonders dadurch auffallen, dass sie unter anderem kurze Flügel und Schnäbel haben. Die Wachtel fällt dabei ein bisschen aus dem Rahmen. Sie ist mit bis zu 20 cm recht klein, im Vergleich etwa so groß wie eine Amsel. Der Wachtelkörper ist eher rundlich und gedrungen mit einem kurzen Schwanz und einem gebogenen Schnabel. Sie sind meistens eher graubraun und beige mit schwarzen und sehr hellen Strichen über dem ganzen Gefieder verteilt.

Je nach Geschlecht und Art (es gibt etwa 100 verschiedene Wachtelarten – darauf gehe ich im Kapitel „Wachtelrassen und ihre Merkmale" im Detail ein) variieren das Aussehen, die Maße und das Gewicht natürlich in verschiedene Richtungen. Das Weibchen (Henne) hat eher helles, beiges Gefieder, während das Männchen (Hahn) graubraunes Gefieder besitzt. Wachteln haben eine Lebenserwartung von 3 bis 5 Jahren.

HERKUNFT UND VERBREITUNG

Ursprünglich kommen Wachteln aus China und Japan. Dort ist ihre Art schon im 12. Jahrhundert bekannt gewesen. Heutzutage sind Wachteln nicht nur in Asien, sondern auch Teilen Afrikas und Europa zu Hause, wobei sie tatsächlich recht spät, erst in den 1950ern, nach Europa importiert wurden.

In Asien wurden sie zuerst nur als Zier- und Singvögel gehalten und erst im 18. Jahrhundert begann man, die Wachteln auch als delikaten Fleischlieferanten anzusehen.

Wachteln sind erklärte Zugvögel, was bedeutet, der größte Teil der Wachtelpopulation zieht über den Winter in den Norden Afrikas, z. B. in Richtung Sudan und Ägypten sowie nach Indien und Palästina. Im Frühjahr und Sommer machen sich die kleinen Vögel dann wieder auf den Weg nach Asien und Europa zurück.

NATÜRLICHER LEBENSRAUM

Für Wachteln ist es vor allem wichtig, sich gut verstecken zu können, um unauffällig zu bleiben, daher bekommen Vogelbeobachter sie auch nur selten zu Gesicht. Da sie Bodenvögel sind, bevorzugen sie gute Möglichkeiten, sich zu verstecken, wie z. B. Hecken oder, wenn sie auf dem Feld sind, hohe Krautschichten. Sehr beliebt bei Wachteln sind auch hohe Wiesen, auf denen viel Klee wächst, den sie gern picken und fressen. Wachteln fühlen sich an warmen Orten wohl, an denen sie auch mal Sonne abbekommen. Wachteln ziehen einen trockenen Boden feuchten Stellen vor.

GEFÄHRDUNG

Auch, wenn die Zahl der Wachteln weltweit zurückgeht, sind sie noch nicht offiziell als gefährdet eingestuft worden, denn die Wachtelbestände erholen sich immer wieder. Ganz genaue Zahlen zu den Beständen gibt es aber nicht, weil das Zugverhalten der Wachteln noch nicht genug erforscht worden ist. Bekannt ist aber, dass in den 1960er-Jahren die Bestände zurückgegangen und teilweise Populationen ausgelöscht worden sind (Grund hierfür war der stärkere Einsatz von Düngemitteln und Pestiziden). Etwa seit den 1990ern steigen die Wachtelbestände wieder etwas an. Abgesehen von der Gefährdung durch die Landwirtschaft ist auch die Jagd der Wachtel ein Grund für Bestandsrückgang. Wachteln fallen in Deutschland unter das Jagdrecht, aber sie haben das gesamte Jahr über Schonzeit, was heißt, dass sie nicht gejagt werden darf. Dazu gibt es auch natürliche Fressfeinde, die die Wachtel bedrohen. Das sind Raubtiere wie Greifvögel, Marder, Füchse und Ratten. Die letzten drei bilden auch besonders für Ihre Wachtelhaltung eine Gefahr, da sie clever sind, Schwachstellen an der

Wachtelunterbringung zu finden, und viel Ausdauer haben, den Einbruch zu versuchen.

VERHALTEN

Dass man Wachteln nur sehr selten in freier Wildbahn sieht, liegt nicht nur daran, dass sie recht klein sind, sondern auch, weil sie sich sehr unauffällig verhalten. Sie mögen sich gern verstecken und sie sind wegen ihrer unauffälligen Färbung dafür auch perfekt getarnt. Wer sich trotzdem in der Wachtelbeobachtung versuchen will, versucht es am besten in der Morgen- oder Abenddämmerung während ihrer Balzzeit, in der sie besonders aktiv sind. Wobei man sie dann wohl eher hört, als sieht. Die Laute, die Wachteln von sich geben und die man aus einer Entfernung von einem halben Kilometer hören kann, werden als Wachtelschlag bezeichnet. Die Männchen geben eher ein „pickwerwick" von sich, die Weibchen antworten mit einem „gru-gru". Brutzeit der Wachteln in Europa ist üblicherweise einmal im Jahr von Mai bis Juli, manchmal kommt es aber auch vor, dass es eine zweite Brut gibt.

Wachtelrassen und ihre Merkmale

B ei der Unterscheidung der etwa 100 verschiedenen Wachtelrassen kann man zwischen drei Kategorien unterscheiden:

ZIERWACHTELN, ZWERGWACHTELN UND LEGEWACHTELN

Zierwachteln gehören zur größten Kategorie mit den meisten Rassen. Wie schon vor Jahrhunderten in Japan werden sie auch heute nur zur Zierde und zum Anschauen gehalten, da sie unter anderem besonders schönes Gefieder haben. Unter den Zierwachteln ist die Kalifornische Schopfwachtel sehr beliebt. Ihren Namen hat sie bekommen, da sie eine Federhaube hat. Neben den Kalifornischen Schopfwachteln sind unter anderem Blauschuppenwachteln, Virginiawachteln und Madagaskar-Perlwachteln weitverbreitet. Dabei unterscheiden sich die einzelnen Rassen optisch sogar recht stark in der Farbe des Gefieders und der Gesichtszeichnung. Zusätzlich besteht bei diesen Rassen am ehesten die Möglichkeit, dass sie handzahm werden, da sie sich schon vor Jahrhunderten an den Menschen gewöhnt haben.

Zwergwachteln sind, wie der Name schon andeutet, kleiner als die anderen Wachtelarten. Die chinesische Zwergwachtel ist nur etwa 14 cm groß und nur 45–70 g leicht. Von der chinesischen Zwergwachtel gibt es verschiedene Farbvarianten, die gezüchtet werden, sodass Sie Kombinationen aus braunem, rotem, grauem und silbernem Gefieder vorfinden.

Legewachteln werden eher zur Fleischgewinnung oder eben zum Eierlegen gehalten. Dafür wird nur noch eine Wachtelrasse genutzt: die Japanische Legewachtel. Seit dem 18. Jahrhundert wird diese Art nicht mehr zur Zierde (auch hier gibt es mehrere Farbschläge), sondern als Lege-wachtel in der ganzen Welt gehalten. Grund dafür ist die hohe Anzahl Eier, die sie im Jahr legt. Wachtel-Halter können im Jahr etwa 330 Eier von der Japanischen Legewachtel erhalten (je nach Haltungsform, Ernährung und Alter der Wach-teln). Nur einmal zum Vergleich: Es gibt auch Wachtelrassen, die gerade einmal 4–8 Eier im Jahr legen.

Warum Wachteln halten?

Weshalb jemand sich für die Wachtelhaltung entscheidet, kann natürlich sehr unterschiedliche Gründe haben. Manch einer hält sie sich gern zur Zierde, andere sehen den Nutzvogel in ihr. In Deutschland sind Wachteln auch sehr beliebt als Ersatz für Hühner. Sie benötigen weniger Platz als Hühner, sind auch weniger laut und ihre Eier und ihr Fleisch gelten als Delikatessen. Dabei hier zur Anmerkung: Wenn ich hier von der Entscheidung zur Wachtelhaltung schreibe, meine ich die Wachtelhaltung im privaten Rahmen. Da Wachteleier und -fleisch ebenfalls immer beliebter in Deutschland und auch anderen Ländern werden, gibt es viele Betriebe, die Wachteln halten, um Eier und Fleisch in den Supermärkten anbieten zu können. Leider werden diese Millionen Wachteln in Nutztierhaltung oft nicht fair behandelt und gehalten.

Aber erst mal zurück zum Warum der Wachtelhaltung. Sie können sich die Entscheidung vor allem für die Art und Weise Ihrer Wachtelhaltung ganz einfach selbst beantworten.

Stellen Sie sich selbst die Fragen: Was wollen Sie mit den Vögeln anstellen? Wollen Sie einfach Vögel zur Zierde halten, wie andere sich z. B. auch Wellensittiche oder Papageien zu Hause halten? Oder möchten Sie die Wachteln halten, weil sie ihren Wert als Nutztier sehen und Wachteleier oder -fleisch haben möchten?

Je nachdem, wie Sie sich selbst diese Fragen beantworten, wissen Sie bereits, mit welcher Art von Wachteln Sie wahrscheinlich am glücklichsten werden. Die Rassen, die sich besonders als Ziervögel oder eben als Nutzvögel eignen, finden Sie im vorangehenden Kapitel über Wachtelrassen und ihre Merkmale. Und haben Sie sich die Fragen beantwortet und die Entscheidung getroffen, kann es auch schon losgehen.

Wachtelkauf

D ie Möglichkeiten, sich Wachteln zu kaufen, sind groß. Sie können sie direkt beim Züchter kaufen, von Geflügelzuchthöfen, in Ausstellungen und auf Kleintiermärkten. Natürlich kriegen Sie auch Wachteln aus dem Internet z. B. aus Kleinanzeigen-Portalen. Hier gibt es verschiedene Vor- und Nachteile bei jeder Variante, wobei die Liste der Vorteile beim Kauf vom Wachtelzüchter am längsten ist.

Wenn Sie sich aus Onlineverzeichnissen einen regionalen Wachtelzüchter heraussuchen, stehen die Chancen sehr gut, dass Sie gesunde Tiere erhalten, denn der Regel kommen die Wachteln vom

Züchter aus guter Haltung. Sie haben gleichzeitig auch einen seriösen Ansprechpartner, der Ihnen viele Tipps zur Haltung, Futter und vielem anderem zur Wachtel geben kann. Da Sie regional Wachteln kaufen, sind auch die Transportwege oftmals kürzer, was weniger Stress für die Tiere bedeutet. Was sein kann, ist, dass die Wachteln vom Züchter etwas mehr kosten als im Durchschnitt. Wachteln kosten in etwa 3–5 Euro pro Vogel. Je nach Rasse und Farbschlag (besondere Farben finden Sie auch eher bei Züchtern) kann es auch darüber, im zweistelligen Preisbereich, liegen.

Vorteile von Ausstellungen liegen ebenfalls in der Möglichkeit zu einem Fachgespräch mit dem Profi, aber auch in der großen Auswahl verschiedener Farbschläge.

Wenn Sie allerdings so schnell wie möglich mit der Wachtelhaltung beginnen wollen, sind die mit dem Kauf im Internet etwas schneller, denn es gibt nicht ständig und überall Ausstellungen. Im Internet geht es schneller, dennoch sind die Kosten für den Versand lebender Tiere hoch und der Transport bedeutet viel Stress für die kleinen Hühnervögel. Zusätzlich, wenn Sie die Wachteln nicht persönlich abholen, können Sie sich auch nicht gewiss sein, dass die Haltung der Wachteln artgerecht war.

Kaufen Sie Wachteln vom Geflügelzuchthof ist die Auswahl der Farbschläge zumeist klein, aber immerhin günstiger als z. B. vom Wachtelzüchter, und Sie können gleichzeitig auch Futter direkt von dort dazu kaufen.

Beim Kauf sollten Sie darauf achten, wie die Wachteln bisher gehalten wurden, daher empfiehlt sich wirklich, sie selbst vom Verkäufer abzuholen. Dabei können Sie auch den Gesundheitszustand der Wachteln überprüfen. Achten Sie darauf, dass die Vögel ein volles Gefieder haben und glänzende Augen. Sie sollten keine verklebte Kloake haben (die Kloake ist der Körperausgang der Wachteln).

Tipp: Für den Transport der Wachteln in ihr neues Zuhause ist eine Transportbox empfehlenswert, die stabil, flach und dunkel ist. Somit rutschen Wachteln nicht aus und flattern auch nicht zu viel herum. Ist die Fahrt länger, sorgen Sie auch für die Versorgung mit Wasser und etwas Futter.

Zusammenstellung der Wachtelgruppe

Wachteln gelten als lebensfreudige und recht gesellige Tiere, daher empfiehlt es sich, dass Sie Wachteln in der Gruppe in Gesellschaft ihrer Artgenossen halten. Dennoch muss man in puncto Gesellschaft auf ein paar Dinge achten, um sich und den Wachteln das Leben leichter zu machen. Und auch hier ist es wieder wichtig, sich sicher zu sein, welche Ziele Sie mit der Haltung der Wachteln verfolgen.

Wollen Sie Zierwachteln halten, sollten sie paarweise gehalten werden. Geht es Ihnen um die

Eierproduktion, holen Sie sich wahrscheinlich Japanische Legewachteln wegen der hohen Legeleistung. Diese können gut in der Gruppe gehalten werden und als Anfänger in der Wachtelhaltung sind 5–6 Wachtel-Hennen vollkommen ausreichend (wie groß die Unterbringung dieser Anzahl sein sollte, erfahren Sie im Kapitel „Artgerechte Unterbringung der Wachtel"). Warum Hennen? Die verstehen sich untereinander besser, wenn kein Hahn dabei ist, der sie aus der Ruhe bringt. Ausnahmen bestätigen die Regel, denn Wachtel-Hähne sind meistens zutraulicher, handzahmer und freundlicher als die Hennen, daher ist nicht ausgeschlossen, dass es auch mit Hahn im Stall funktionieren kann.

Sollten Sie die Zucht der Wachteln im Sinn haben, dann ist ein Wachtel-Hahn ohnehin nötig.

Wachteln verschiedener Farbschläge können zusammen gehalten werden (außer, wenn Sie züchten, dann ergibt derselbe Farbschlag Sinn, um reines Erbgut zu erhalten). Bei Wachtelrassen sollten Sie wiederum darauf achten, dass Sie keine unterschiedlichen gemeinsam halten, denn auch innerhalb der Wachtelrassen variieren die Haltungsbedingungen.

Übrigens: Die gemeinsame Haltung von Wachteln und Hühnern ist nicht empfehlenswert. Aus dem Blickwinkel der artgerechten Haltung brauchen beide Vögel sehr unterschiedliche Unterbringungen, Ausstattungen und Futter. Zusätzlich haben Hühner ein anderes Wesen als Wachteln, sie sind forsch und aggressiver und haben außerdem ganz andere Gewohnheiten, was zum Beispiel das Eierlegen angeht. Es kann sogar so weit kommen, dass Gesundheit und Leben der Wachteln gefährdet sind, wenn beide Vögel zusammenkommen. Auch hier muss ich sagen: Nichts ist unmöglich und es gibt ein paar Tipps, mit denen man auch Hühner und Wachteln zusammen halten kann, aber als Anfänger können Sie sich und den Wachteln viel Stress ersparen, wenn erst mal keine Hühner dabei sind.

Start in die Wachtelhaltung

Zum Start ist es sinnvoll, dass Sie überprüfen, ob Sie die Haltungsbedingungen für Wachteln einhalten können. Wenn Sie Ihre Wachteln bekommen, sollte bereits alles fertig eingerichtet sein, damit Ihre Vögel einen guten Start bei Ihnen haben. Gerade als Hobby können Sie Ihren kleinen Vögeln ein besonders gutes Leben bescheren, wenn Sie die Mindestanforderungen einhalten.

Hier dafür eine kleine Checkliste:

- Ist genug Platz vorhanden?

→ 5 Wachteln maximal auf einem Quadratmeter

- Haben Sie die richtige Unterbringung?

→ Entweder Stall, Voliere oder Gatter. Kein Käfig!

- Ist genügend Ausstattung vorhanden, damit sich die Wachteln ihrem Wesen entsprechend verhalten und wohlfühlen können?

→ Versteckmöglichkeiten (z. B. ein kleines Häuschen), ein Sandbad (für die Hygiene)

- Haben Sie bereits Futter?

→ spätestens beim Abholen und Transport der Wachteln brauchen Sie dies. Oftmals gibt es auch direkt Futter beim Verkäufer der Wachteln, je nachdem, wo Sie sie kaufen.

Die kommenden Kapitel gehen hier ins Detail.

Artgerechte Unterbringung der Wachtel

Da Wachteln im Vergleich zu Hühnern recht klein sind, heißt es öfter, dass Wachteln einfacher zu halten sind, da auch weniger Platzbedarf besteht. Was das genau bedeutet, darum geht es in diesem Kapitel. Sie haben im Großen und Ganzen 3 verschiedene Möglichkeiten, Ihre Wachteln unterzubringen: den Wachtelstall, das Gatter und die Voliere.

Vorab möchte ich betonen, dass ein Käfig nicht dazu gehört, auch, wenn unter anderem Wachtelmastbetriebe zu Käfigen greifen. Dort leben die Wachteln in Gitterkäfigen, die viel zu klein sind und etwa 100 Vögel auf einen Quadratmeter pferchen. Wenn Sie zum Beispiel eine Gruppe von 4 Japanischen Legewachteln halten, ist im Allgemeinen etwa 1 m² Platz sinnvoll. Ab 5 Wachteln, sollten es dann schon 2 m² sein, ab 9 Wachteln 3 m² und so weiter.

Bevor Sie sich für eine Variante entscheiden, sollten Sie schauen, dass Sie Schutz vor Fressfeinden (Mardern und Füchsen) bieten. Ecken sollten geschlossen sein. Das ist dadurch gewährleistet, dass die Bauteile genau aufeinander passen. Die Türen und Fenster sollten Sie zum Beispiel mit einem Schloss verriegeln können und das Dach muss auch dicht sein. Das dichte Dach gewährleistet zusätzlich einen geschützten Platz im Winter (außer beim Schutznetz über dem Gatter).

Es ist sinnvoll, direkt zu prüfen, ob und wie Sie die Unterbringungen winterfest machen können. Im Winter werden die Wachteln sich eher im Innenbereich des Stalls aufhalten, weshalb dieser ebenfalls eine entsprechende Größe aufweisen sollte.

WACHTELSTALL

Der Wachtelstall ist ein größerer Bau, den Sie meist auch selbst betreten können. Das ist ein gutes Unterscheidungsmerkmal zu Käfigen. Es gibt einige Varianten eines Stalls, die es auch fertig zu kaufen gibt. Ein Stall ist auch für die Wachtelunterbringung im Winter gut geeignet. Er bietet Schutz vor Kälte, Regen, Wind und auch Feinden.

Kleintierställe zum Beispiel sind auch für andere Kleintiere wie Kaninchen geeignet. Meistens sind die aber nicht so groß, dass Sie mehr als maximal 5 Wachteln darin unterbringen sollten.

Wachtelhäuser sind so groß, dass Sie auch selbst hineingehen können, was natürlich praktisch für die Reinigung des Stalls ist. Des Weiteren sind Sie dadurch auch in der Lage, größere Wachtelgruppen zu halten.

GATTER/GEHEGE

Mit einem Gatter oder Gehege haben Sie eine gute Wachtelunterbringung für die wärmeren Monate im Jahr, denn das Gehege steht im Freien auf dem Rasen ohne einen zusätzlichen Boden. Praktisch ist hieran, dass das Gehege mobil ist und Sie deshalb den Ort ändern können, um den Wachteln den perfekten Platz zu bieten. Und wenn Sie das Gehege versetzt haben, ist es zudem sehr einfach, den alten Standort zu reinigen. Das Gehege ist oft aus Holz oder Metall mit einem feinen Gitterzaun. Wenn Sie sich ein Wachtelgehege anschaffen oder sogar selbst bauen möchten, sollten Sie darauf achten, dass das Gitter stabil ist und die Maschen nicht größer als 12 x 12 mm sind.

Der Grund dafür liegt nicht nur in den Wachteln, die ausbrechen könnten, sondern auch deren Fressfeinden, die durch größere Maschen durchkommen oder sie durchbeißen könnten. Außerdem muss das Gehege eine Abdeckung haben. Da reicht ein Schutznetz, damit auch von oben keine Gefahr drohen kann und die Wachteln nicht wegfliegen. Ein Gehege ist eher eine Erweiterung zur Hauptunterbringung, denn bei Regen und in der

Nacht sollten die Wachteln einen sicheren, geschützten Bereich haben. Wie oben bereits angedeutet, ist ein Gatter oder Gehege nicht gut für den Winter geeignet.

VOLIERE

Eine Voliere ist eine Kombination der bereits genannten Unterbringungen. Eine Voliere hat oftmals einen Boden aus Stein, Holz oder anderen natürlichen Materialien. Manche Varianten bestehen aus drei Seiten feinem Gitter und einer festen Seite (z. B. aus Holz). Sie sind überdacht, um vor schwierigen Wettbedingungen und Fressfeinden zu schützen. Andere Arten von Volieren sind eher eine Kombination aus einem Stall mit Auslauf. Die Wachteln haben einerseits einen überdachten, und somit geschützten, Unterschlupf, andererseits können sie aber auch an die frische Luft gehen. Aufgrund der praktischen und vielfältigen Kombination ist diese Haltungsform recht beliebt bei Wachtelhaltern. Volieren können, müssen aber nicht, besonders hoch sein (Minimum ist 50 cm). Dennoch beachten Sie bei der Grundfläche, dass hier nicht mehr als 6 Wachteln auf einem

Quadratmeter leben. Haben Sie nicht so viel Platz, gibt es auch Volieren mit Etagen. Ist es die Variante mit Stall für Sie, können Sie diesen auch sehr gut winterfest machen.

5 TIPPS, WIE SIE WACHTELN VOR FRESSFEINDEN SCHÜTZEN

1. Volierendraht:

Nutzen Sie geeigneten Draht für Ihr Gatter, Gehege oder die Voliere. Er sollte nicht größer als 12 x 12 mm sein, denn sonst können Fressfeinde in das Gatter hineingelangen und Ihre Wachteln verletzen oder sogar töten. Es gibt speziellen Volierendraht, der diese Maschengröße hat. Hier noch ein Tipp zum Testen der Maschengröße: Versuchen Sie, mit dem Zeigefinger durch die Masche zu kommen. Schaffen Sie es, ist die Masche noch zu groß.

2. Draht und Unterbringung regelmäßig auf Lücken und Löcher kontrollieren:

Es kann passieren, dass Fressfeinde bereits versucht haben, in die Wachtelunterbringung zu kommen. Dadurch entstehen evtl. Lücken im

Draht oder es ist etwas angefressen worden. Wäre das der Fall, ist es eine Schwachstelle, der Sie entgegenwirken sollten. Schließen Sie die Stelle zum Beispiel mit zusätzlichem Draht.

3. Sicheres Material verwenden:

Für Ihre Unterbringung haben Sie die Möglichkeit, viele Materialien zu verwenden, wie etwa Holz, Kunststoff oder Metall. Gegen Fressfeinde sicheres Material ist Aluminium und Edelstahl, denn das kann nicht angefressen werden. Wollen Sie gern Holz als Baumaterial verwenden, ist es sinnvoll, Kanten und Ecken zusätzlich mit Volierendraht abzusichern, sodass Fressfeinde die Stellen nicht anfressen können. Beachten Sie auch, dass Beton gern einmal von Ratten durchgefressen wird. Betonfüße sind also auch nicht der beste Schutz. Auch hier hilft Stahl, den Ratten nicht kleinkriegen.

4. Schwachstellen erkennen:

Gerade, wenn Sie einen fertigen Stall kaufen wollen, haben diese manchmal Schwachstellen, die unter anderem Füchse schnell finden und nutzen können, um Ihren Wachteln zu schaden. Das sind zum Beispiel Schubladen, die für Einstreu gedacht sind, und Riegel an Türen. Diese Ställe sind dann eher weniger für Ihre Vögel geeignet.

5. Fressfeinde im Auge behalten

Das bedeutet nicht unbedingt, dass Sie nun Kameras um Ihre Wachtelunterbringung anbringen müssen, aber es empfiehlt sich, die Umgebung zwischendurch mal zu kontrollieren und offene Augen und Ohren zu haben, damit Fressfeinde in der Nähe nicht Überhand nehmen. Haben Sie zum Beispiel eine Rattenplage in der Nähe, dauert es sicherlich nicht lange, bis sie die Wachteln entdecken und versuchen, an die Vögel zu kommen. Als Maßnahme dagegen muss aber auch nicht zwangsläufig Gift eingesetzt werden. Falls Sie schon eine Katze oder Hund zu Hause haben, reicht das auch als Verteidigung aus.

Grundausstattung des Wachtelstalls

Abgesehen von der Art, wie Sie Ihre Wachteln halten, benötigen Sie auch eine gewisse Grundausstattung, die die natürliche Lebensweise der Wachteln unterstützt. Die Auswahl an Zubehör ist groß, aber das Minimum für die Wachteln sind ein ordentlicher Futterplatz und Tränke, Möglichkeiten zum Verstecken, die richtige Einstreu und ein Sandbad.

FUTTERPLATZ

Mit das Wichtigste, was Sie für Ihre Tiere brauchen, sind ein Futterplatz und ebenfalls eine Tränke. Man könnte jetzt vielleicht sagen, dass hier eine schlichte Schale für beides ausreicht, aber das ist nicht ideal und es gibt für Sie und Ihre Wachteln wichtige Vorteile, wenn Sie sich richtige Futtertröge und Tränken anschaffen. Mit Futtertrögen vermeiden Sie, dass das Futter verschmutzt wird. Zusätzlich haben die Wachteln bei richtigen Trögen keine Möglichkeit, das Futter herauszuscharren. Der Bereich um den Futtertrog bleibt sauber und Sie haben einen geringeren Futterverbrauch.

Auch mit einer passenden Tränke vermeiden Sie Wasserverschmutzung. Nutzen Sie eine Schale, kann es sein, dass sich die Wachteln dafür entscheiden, ein Bad darin zu nehmen. Die Folge daraus kann Kot im Wasser sein. Dies vermeiden Sie mit richtigen Tränken. Gerade im Sommer trocknen Schalen schnell aus. Bei Tränken bleibt das Wasser länger erhalten, da mehr Wasser hineingefüllt wird und die Wachteln nicht Gefahr laufen, vor der leeren Wasserschale zu stehen.

Tipp: Achten Sie gerade im Sommer darauf, dass sich keine Algen bilden.

UNTERSCHLUPFMÖGLICHKEITEN

Wie Sie vielleicht im Kapitel „Was sind Wachteln" bereits gelesen haben, sind Wachteln sehr scheu und lieben es, sich zu verstecken und unauffällig zu bleiben. Das sollten Sie bei Ihrer Wachtelhaltung berücksichtigen und mit Unterschlupf- und Versteckmöglichkeiten fördern. In Verstecken kommen Wachteln zur Ruhe und können sich auch einmal vor ihren Artgenossen verstecken, was gut für eine harmonische Wachtelgruppe sein kann.

Es gibt einige Möglichkeiten, Ihren Wachteln Verstecke anzubieten. Sie können sie kaufen oder auch selbst bauen. Wachteln mögen es abwechslungsreich und es ist empfehlenswert, mehrere Varianten anzubieten. Das kann, wenn Sie etwas selbst machen wollen, ein zur Seite gekippter Blumentopf sein oder ganz schlicht Äste und Tannenzweige, die Sichtschutz bieten. Ein Wachtelhaus ist außerdem sehr sinnvoll. Es ist ein fester, sicherer Rückzugsort, bietet gleichzeitig auch guten Schutz vor Kälte und für die Zucht sind die Häuschen wie geschaffen für Nistplätze. Manchmal sind die Wachtelhäuser groß genug, um mehrere Wachteln gleichzeitig zu beherbergen, eine Mindestgröße für das Wachtelhaus sind 20 cm im Quadrat, was der Größe eines Legenests entspricht. Beim Kauf achten Sie auch darauf, dass es wetterfest ist und die Wachteln sich nicht verletzen können (z. B. an Splittern).

EINSTREU

Einstreu ist der Untergrund, den Sie für die Unterbringung nutzen. Nutzen Sie ein mobiles Gatter auf dem Rasen, ist der Untergrund schon gegeben, aber für die anderen Varianten, die einen Holz- oder Steinboden haben, brauchen Sie grundsätzlich eine etwa 5 cm dicke Schicht Einstreu. Dies ist deshalb vorteilhaft, da diese umgeschichtet werden kann, wenn sie bereits länger liegt; dann muss sie nicht so häufig ausgetauscht werden. Wenn Ihre Wachteln dann scharren, legen sie auch nicht sofort den Stein oder Holzboden unter der Einstreu frei.

Worauf Sie im Allgemeinen achten sollten, ist, dass die Einstreu nicht staubt, denn das kann der Lunge und Atmung der Wachteln schaden. Mit der richtigen Einstreu kann man auch Verletzungen vorbeugen, die beispielsweise durch scharfkantige Stücke an den Krallen entstehen und oftmals spät entdeckt werden. Sie sollte eine gute Saugfähigkeit haben, damit sie hygienisch für die kleinen Vögel ist. Schauen Sie auch darauf, dass es sich um ein unbehandeltes Naturprodukt handelt. Besonders bei der Aufzucht gibt es ein wichtiges Ausschlusskriterium: Die Jungtiere dürfen die Einstreu nicht mit ihrem Futter verwechseln.

Suchen Sie nach der richtigen Einstreu, stehen Ihnen viele verschiedene Materialien zur Verfügung, die jeweils Vor- und Nachteile mit sich bringen. Hier eine Auswahl häufig genutzter Einstreu-Arten:

Der viel verwendete Klassiker ist Buchenhack, denn darauf fühlen sich Wachteln sehr wohl. Grund ist, dass es natürlich ist, denn es enthält keine Zusatzstoffe. Es liegt aber auch nah an der Natur der Wachteln, die im Buchenhack scharren können. Es gibt aber auch andere Vorteile, weshalb sich Wachtelhalter gern dafür entscheiden.

Buchenhack staubt nicht und es ist sehr saugfähig, dadurch bleibt der Boden länger trocken, was hygienischer ist und außerdem bietet es auch keinen Nährboden für Parasiten. Wachtelzüchter können Buchenhack auch als Einstreu für Jungtiere gut nutzen, denn die Stücke sind so groß, dass sie sie nicht verschlucken können.

Eine ebenso gern genutzte und naturnahe Alternative ist Pinienrinde. Sie ist sehr hygienisch, denn schon bei der Produktion wird sie hoch genug erhitzt, dass Schädlinge vernichtet werden. Auch Pinienrinde ist sehr saugfähig, speichert Feuchtigkeit besonders gut und hält dadurch den Boden lange trocken. Die Größe der Stücke sorgt für eine gute Durchlüftung des Bodens und dadurch kann sich Feuchtigkeit schnell wieder verflüchtigen. Sie ist weich, staubt ebenfalls nicht und riecht dabei auch noch sehr gut.

Sand ist ebenfalls Einstreu, die geeignet ist, aber nicht für den gesamten Grund der Wachtelunterbringung. Wenn Sie Teile des Grunds mit Sand einstreuen, kann dieser Bereich von den Wachteln als Sandbad genutzt werden. Als hauptsächlicher Bodengrund ist Sand nicht sehr zu empfehlen, da er keinen besonders guten

Kälteschutz bietet und Feuchtigkeit nicht gut verarbeitet. Sie wird eher gesammelt und staut sich dann am Boden, was für Wachteln ein Gesundheitsrisiko darstellt. Da Sand sehr fein ist, bleiben Dreck und Kot an der Oberfläche, statt in den Grund zu gehen. Der Bereich muss daher häufiger gereinigt, also die obere Sandschicht abgetragen werden. Junge Wachteln in der Aufzucht könnten Sand mit ihrem Futter verwechseln, daher ist es für sie nicht geeignet.

In Zoo- und Kleintiergeschäften finden Sie häufig Hobelspäne und Kleintierstreu vor, was ebenfalls für die Wachtelhaltung als Einstreu geeignet ist. Es ist nicht besonders staubig und bietet einen elastischen Untergrund. Auch hierbei handelt es sich meist um ein Naturprodukt, das zusätzlich noch saugfähig ist und Feuchtigkeit sowie Gerüche aufnehmen kann.

SANDBAD

Das Sandbad ist für die Wachteln wie die Dusche oder die Badewanne für den Menschen: essenziell für die Hygiene und in der Folge auch für die Gesundheit. Mit Sandbädern reinigen die Wachteln ihr Gefieder. Schädlinge, die sich darin befinden, werden damit vor allem entfernt, gleichzeitig entspannen sich Ihre Vögel damit und im Sommer nutzen sie das Sandbad, um sich etwas abzukühlen.

Im Allgemeinen benötigen Sie erst mal feinen, trockenen Sand. Er kann auch kleinere Steinchen enthalten. Möglich sind z. B. Spielsand für Kinder, Vogelsand aus dem Zoofachhandel oder auch Bausand aus dem Baumarkt. Wichtig ist reiner Sand, der keine Zusätze enthält. Sie können auch Erde aus Ihrem Garten verwenden, solange sie nicht durch Schädlinge und Kot verschmutzt ist oder gar scharfkantige Steine oder andere scharfe Teile enthält.

Sie können sich ein Sandbad ganz einfach selbst herstellen, indem Sie eine der oben genannten Füllungen schlicht in eine Kiste füllen. Sei sie aus Holz, Kunststoff oder Metall: Jegliche Behältnisse auch aus dem Baumarkt sind möglich. Statt der Kiste können Sie aber auch einen Teil Ihres Stalls oder der Voliere mit Sand einstreuen. Wenn Sie wollen, grenzen Sie diesen Sandbereich von der restlichen Einstreu ab, sodass Ihre sandbadenden Wachteln nichts mit der eigentlichen Einstreu vermischen. Wachtelküken und Jungtiere sollten Sie 4 Wochen nach dem Schlüpfen erst einmal kein Sandbad anbieten – sie könnten den Sand mit Futter verwechseln.

Wachtel-Ernäh-rung

Futter und Wasser sollten Ihren Wachteln immer zur Verfügung stehen, denn die Wachteln nehmen sich am Tag genau so viel, wie sie benötigen, und überfressen sich nicht. Beim Futter gibt es viele Punkte zu beachten, denn es muss auf die Bedürfnisse der Wachteln abgestimmt sein, damit sie mit allen nötigen Nährstoffen gut versorgt sind. Gerade, wenn Sie beabsichtigen Wachteln wegen der Eier zu halten. 330 Eier im Jahr zu legen, ist ein großes Ziel, dass Sie mit dem richtigen Futter erreichen können. Die

Wachtelart oder -rasse spielen bei der richtigen Wahl des Futters eine untergeordnete Rolle, ganz im Gegensatz zum Alter. Küken sollten Sie anderes Futter geben als ausgewachsenen Wachteln. Wo der Unterschied liegt und welche Futterarten es gibt, wird in diesem Kapitel erklärt.

BASISFUTTER

Das Basisfutter ist die Grundlage der Wachtelernährung. Es handelt sich um trockene Körner, Pellets, Mehl oder Mischformen dieser Futter. Es hat großen Einfluss auf Gesundheit und, bei Legewachteln, die Legeleistung der Wachteln. Zier- und Zwergwachteln benötigen ein etwas anderes Futter als Legewachteln, da hier der Fokus nicht auf die Legeleistung gelegt wird. Beachten Sie daher, welche Wachtel Sie halten und welches Basisfutter Sie für sie kaufen. Wenn Sie Basis- oder auch Grundfutter für Ihre Tiere kaufen, achten Sie darauf, dass wichtige Bestandteile wie Rohprotein in der richtigen Menge vorhanden sind. Empfehlenswert ist ein Rohproteingehalt von 17–20 %.

Auch der Gehalt von Mineralstoffen wie Kalzium, Magnesium und Natrium ist wichtig. Diese bereits gekürzte Liste zeigt schon, dass eine eigene Mischung als Basisfutter vor allem für Anfänger der Wachtelhaltung ungeeignet ist. Selbst diese nötigen Bestandteile abzustimmen, gestaltet sich schwierig. Sollte beispielsweise der Rohproteingehalt zu niedrig sein, kann es vorkommen, dass Wachteln weniger und kleinere Eier legen. Zu viel Rohprotein sorgt dafür, dass Wachteln zunehmen und mehr und ständig Eier gelegt werden, was wiederum ungesund ist. Sind die Wachteln im Modus, dauerhaft Eier zu legen, sinkt auch die Lebenserwartung der Tiere. Am Ende ist eine eigene Zusammenstellung von gutem Wachtelfutter nicht unmöglich, aber für den Anfang ist es sinnvoller, erst mal nicht beim Grundfutter, sondern nur bei den Snacks kreativ zu werden, um keine Fehler zu riskieren.

FUTTER FÜR WACHTELKÜKEN

Wachtelküken stellen einen Sonderfall bei der Nahrungswahl dar. Die ersten beiden Tage nach dem Schlüpfen ist es nicht nötig, sie zu füttern, da sie bereits Nährstoffe vor dem Schlüpfen aus dem Eidotter gewinnen. Danach geben Sie den Küken spezielles Kükenfutter. Das enthält mehr Rohprotein (26–28 %) als das Futter der ausgewachsenen Wachteln und ist besonders fein (größere Stücke können die Küken noch nicht aufnehmen). Nur so können sich die Wachtelküken optimal entwickeln. Mehr Details finden Sie im Kapitel „Wachtelzucht".

SNACKS

Sie tun Ihren Wachteln etwas Gutes, wenn Sie zwischendurch für Abwechslung mit Snacks sorgen. Das gilt für alle Wachtelarten gleichermaßen. Bei Snacks und Leckereien haben Sie viel Auswahl, die Sie einfach selbst herstellen können. Es müssen nicht immer Körner sein. Wachteln freuen sich auch über Insekten, Kräuter, Obst und Gemüse. Diese frische Futterergänzung ist deshalb besonders abwechslungsreich, da sich die Wachteln damit beschäftigen. Außerdem erhalten die kleinen Vögel dadurch weitere Nährstoffe. Geben Sie den Tieren hin und wieder Mehlwürmer (lebendig oder auch getrocknet), erhalten sie dadurch mehr Proteine. Leckereien wie z. B. Wassermelonenstücke sind der Hit für Wachteln.

Raspeln Sie ein bisschen Karotte für die Kleinen oder bieten Sie ein paar Wildkräuter und Klee an.

Auch hier kann ein Zuviel der Leckereien die Gesundheit und Legeleistung der Wachteln im schlechten Sinne beeinflussen. Daher gilt: Snacken nur in Maßen, um die abgestimmten Bestandteile und Nährstoffe des Grundfutters nicht aus dem Gleichgewicht zu bringen. Auch, wenn Sie mit den Leckereien kreativ werden können, schauen Sie, dass bei Obst, Gemüse und Kräutern die Qualität stimmt. Das heiß: Wählen Sie kein gespritztes Obst und Gemüse und keine Wildkräuter von Straßenrändern. Ausschließen sollten Sie auch gewürzte Nahrung, säurehaltige Zitrusfrüchte, Blätter und grüne Früchte von Nachtschatten-gewächsen, giftige Pflanzen wie Avocado, Efeu, Primeln und Narzissen.

Haltung im Winter

Die Haltung von Wachteln bei kalten Temperaturen ist ein eigenes Thema. Winterharte Wachtelrassen, wie z. B. die Japanische Legewachtel, können Temperaturen von bis zu -15 Grad Celsius aushalten, also können ihre Wachteln prinzipiell draußen gehalten werden. Dennoch sind es nicht nur tiefe Temperaturen, die Ihren Wachteln unangenehm werden können, sondern auch Nässe und Zugluft sind unerfreulich und zusätzlich gesundheitsgefährdend für die Tiere. Um daher kein Risiko einzugehen, beachten Sie folgende Tipps.

WINTERFESTE UNTERBRINGUNG

Ihren Stall oder Ihre Voliere winterfest zu machen, ist bereits mit wenigen Handgriffen möglich.

Offene Stellen oder auch vergitterte Bereiche lassen zu viel Zugluft durch, daher ist es sinnvoll, sie abzudecken. Das erreichen Sie mit einer (alten) Plane oder auch Tischdecken.

Natürlich können Sie auch Material aus dem Baumarkt kaufen. Plexiglas oder Holzplatten decken die Bereiche sehr gut ab und verhindern, dass Zugluft entsteht. Gegen die niedrigen Temperaturen im Stall ist eine Verkleidung gut geeignet. Als Dämmmaterial eignen sich hier Styropor- oder Korkplatten. Eine gute Luftzirkulation ist trotz allem wichtig, damit im Gegenzug kein Schimmel durch Feuchtigkeit entsteht.

Wenn Sie nicht alle Stellen abdichten wollen oder können, schaffen Sie zumindest teilweise Rückzugsorte für Ihre Wachteln, damit Sie sich allesamt vor Kälte, Wind und Nässe schützen können. So ein Rückzugsort kann beispielsweise eine kleine, gedämmte Schutzhütte sein, in der sich alle Wachteln aufhalten und gegenseitig Wärme spenden können.

Der Untergrund, also die Einstreu, kann ebenfalls etwas höher eingestreut werden. Die Einstreu saugt das Mehr an Feuchtigkeit auf, das die Wachteln von draußen in den Stall bringen, und die Wärmedämmung am Boden ist ebenfalls stärker.

Bei Temperaturen von unter 0 Grad besteht die Gefahr, dass das Wasser in den Tränken gefriert, das für die Wachteln aber sehr wichtig ist. Die Lösung für diesen Fall ist ein elektrischer Tränkewärmer. Diese sind extra für die Vogelhaltung gedacht, verbrauchen deswegen wenig Energie und es besteht keine Brandgefahr.

Den Wärmer legen Sie einfach unter die Tränke und die Wachteln sind weiterhin 24/7 mit Trinkwasser versorgt, wie sie es benötigen.

Die Frage, ob Sie zusätzlich zur Dämmung eine Wärmelampe im Stall einsetzen sollten, ist eine Glaubensfrage. Wachtelhalter sind sich nicht einig darüber. Minusgrade auszuhalten, ist für Wachteln keine Unmöglichkeit, daher vertraut die eine Fraktion auf die Winterhärte der Wachteln, ohne eine Wärmelampe anzubringen. Auch, wenn sie demnach kein Muss ist, kann diese Wärmequelle Ihren Wachteln doch guttun. Wenn Sie sich dafür entscheiden, ist sie dennoch mit Vorsicht zu genießen, denn hohe Temperaturschwankungen sind gar nicht gut und können die Wachteln im schlimmsten Fall ums Leben bringen. Ein guter Richtwert, um die Temperatur mit dieser Wärmequelle naturnah zu halten: Erhöhen Sie die Temperatur nicht mehr als 7 Grad Celsius. Um dies zu kontrollieren, ist ein Funkthermometer hilfreich. Wenn Sie sich unschlüssig sind, ist es auch ausreichend, die Lampe nur dann einzusetzen, sollten die Temperaturen wirklich unter -10 Grad fallen. Bei der Installation der Lampe schauen Sie, dass sie nicht über leicht brennbarem Material hängt.

Bei der ganzen Dämmung und Abdeckung bedenken Sie, dass Ihre Wachteln weiterhin Sonnen- oder zumindest Tageslicht benötigen. Wie für uns Menschen ist wichtig, dass sie Vitamin D produzieren, weshalb Sie weiterhin die Möglichkeit zum Freilauf bieten und gleichzeitig auch mit Leuchten arbeiten können, die zusätzlich einige Stallbereiche ausleuchten. Ein Beispiel für einen beleuchteten Bereich wäre die Futterstelle, was den Futterkonsum ankurbelt und auch die Legeleistung beeinflusst.

EIERLEGEN UND FÜTTERUNG IM WINTER

Im Winter haben die Vögel mit der Mauser (der Wechsel des Federkleids) zu tun. Manchmal stellen die Wachteln deswegen das Eierlegen um den September, Oktober herum komplett ein und fangen dann im Frühjahr erst wieder an, Eier zu legen. Oder es werden einfach nur sehr wenige Eier gelegt. Die Legeleistung können Sie mit einer Wärmelampe und der Beleuchtung im Stall leicht beeinflussen.

Wegen der Mauser benötigen die Wachteln genügend Nährstoffe. Üblicherweise reicht die normale Fütterung aus, denn das Grundfutter enthält meistens alles, was Wachteln brauchen. Wenn Sie dennoch etwas hinzugeben möchten, um bei der Mauser zu unterstützen, gibt es spezielle Präparate für den Winter, die Vitamine und Mineralstoffe enthalten und mit dem Trinkwasser verabreicht werden.

Pflege der Wach-
teln

Bei der Pflege der Wachteln geht es um täglliche Aufgaben, Sauberkeit sowie Prävention und Heilung von Krankheiten. Wachteln an sich sind pflegeleichte Vögel, denn die täglichen Aufgaben sind nicht besonders schwierig und vielfältig. Zuallererst müssen Sie das Wasser wechseln und Futter auffüllen. Wenn Sie einen Auslauf für Ihre Wachteln haben, bringen Sie sie aus dem Stall nach draußen. Wachteln sind im Gegensatz zu Hühnern gut im Fliegen, daher achten Sie darauf, dass sie Ihnen beim

Herausbringen nicht ausbüxen und Sie auch den Auslauf gut verschließen. Falls es dennoch einmal dazu kommt, dass eine Wachtel aus Versehen verschwindet, lassen Sie den Auslauf offen, für den Fall, dass sie zurückkommt, um etwas zu futtern. Der Zeitraum, in dem Ihre Vögel sich draußen im Auslauf aufhalten, ist gut geeignet, um sich in Ruhe um die Sauberkeit des Wachtelstalls zu kümmern.

SAUBERKEIT DER UNTERBRINGUNG

Um zu vermeiden, dass Ihre Wachteln sich unwohl fühlen oder sogar krank werden, müssen Sie zu viel Feuchtigkeit vermeiden. Das erreichen Sie, indem Sie die Einstreu kontrollieren. Sobald Sie feststellen, dass die Wachteln feuchte Füße bekommen, streuen Sie eine dickere Schicht Einstreu oder Sie wechseln sie komplett aus. Der Bereich, in dem die Tränke steht, ist ausgesprochen anfällig für Feuchtigkeit. Falls Sie von vornherein vermeiden wollen, dass das Trinkwasser in die Einstreu gesogen wird, können Sie auch ein Gitter unter den Bereich bauen und eine Auffangschale darunter anbringen, die das Wasser auffängt. Auch die Tränke selbst sollten Sie regelmäßig gut reinigen. Gerade im Sommer können sich darin Algen bilden. Hin und wieder verschmutzen Wachteln ihre Tränke auch selbst, indem sie Einstreu am Rand verteilen. Hängen Sie die Tränke etwas höher, ist diesem Fall damit auch vorgebeugt.

Wachteln reinigen sich in ihrem Sandbad regelmäßig selbst. Wenn sie dabei aber Dreck, Kot oder Parasiten loswerden, landet es im Bad. Daher ist wichtig, dass sie den Sand ebenfalls austauschen. Wie oft das sein muss, hängt davon ab, wie viele Wachteln Sie halten, wie feucht oder trocken die Umgebung ist und ob z. B. Einstreu in den Sand gelangt und so weiter. Als Richtwert können Sie etwa alle zwei Wochen das Sandbad austauschen.

WACHTELN ZÄHMEN

Wachteln sind erst einmal sehr zurückhaltend und verstecken sich gern. Im schlimmsten Fall können sie sogar panisch werden und herumfliegen, wenn Sie in den Stall gehen. Wachteln zu zähmen, bedeutet in diesem Kontext, dass sie sich an ihren Halter gewöhnen und daran, dass sie auf die Hand genommen werden. Ob und wie Sie Ihre Wachteln an sich gewöhnen und daran, dass Sie sie auf die Hand nehmen, ist auch davon abhängig, woher sie kommen bzw. wie alt sie sind.

Die beste Chance, um Wachteln handzahm zu machen, ist, wenn Sie sie selbst züchten, denn dann können Sie sie früh an die Situation gewöhnen. Schon die ersten drei Wochen der Wachtel-Küken sind ausschlaggebend für das Vorhaben. Wenn Sie die Küken schon in dieser Phase viel auf die Hand nehmen und mit ihnen kuscheln, gewöhnen Sie sie direkt an diese Situation. Berücksichtigen Sie aber dabei, dass die Kleinen sehr fidel sind und somit schnell einmal aus der Hand hüpfen oder fallen. Halten Sie sie deshalb nicht so weit hoch, sondern setzen Sie sich z. B. mit ihnen auf den Boden. Die Küken sind so klein, dass sie in eine Hand passen. Es kann schnell passieren, dass man sie aus Reflex zu fest hält, was die Küken auch verletzen kann.

Haben Sie schon ältere Wachteln, kann es ein bisschen länger dauern, dass Sie sie zähmen. Mit etwas Geduld ist es aber möglich. Ein Tipp ist hier, sie mit Snacks, z. B. Mehlwürmern, aus der Hand zu füttern, sodass sie etwas zutraulicher werden. Manchmal müssen Sie die Wachteln in die Hand nehmen und hochheben (z. B., um sie in das Gehege nach draußen zu bringen), aber auch da gibt es einen Trick, wie Sie es richtig machen, damit sich die Vögel nicht bedroht fühlen und sich entspannt tragen lassen. Greifen Sie nicht von oben zu, denn das machen auch die natürlichen Fressfeinde der Wachteln. Auch von hinten an die Wachteln heranzugehen, ist nicht ideal. Die beste Lösung ist, sich langsam von der Seite zu nähern. Machen Sie ruhig auf sich aufmerksam und wenn Sie die Wachteln aufnehmen, dann geben Sie auf die Füße acht. Je regelmäßiger Sie diese Tipps beherzigen und mit den Wachteln üben, desto eher gewöhnen sich die Vögel an Sie.

KRANKHEITEN, DEREN VORBEU-GUNG UND HEILUNG

Dass Wachteln krank werden, passiert im Allgemeinen seltener als bei Hühnern oder Enten. Das bedeutet aber nicht, dass sie nicht trotzdem mal einen Schnupfen oder andere Krankheiten kriegen können. Die beste Möglichkeit, Krankheiten bei Wachteln vorzubeugen, ist zuallererst eine artgerechte Haltung mit viel Platz, Freilauf und mit den richtigen Hygienemaßnahmen. Mit ein paar einfachen Methoden können Sie zusätzlich die Gesundheit prüfen.

Schauen Sie sich das gesamte Erscheinungsbild der Vögel an. Gesunde Wachteln haben klare Augen haben, laufen nicht gebeugt herum und sind nicht aufgeplustert. Die Vögel sollten saubere Füße haben und sich insgesamt aktiv und lebhaft verhalten. Die Kloake sollte feucht und weißlich sein und nicht verkrustet oder verklebt. Kontrollieren Sie den Kot der Vögel, wenn Sie glauben, dass etwas mit der Verdauung nicht stimmt. Der Kot sollte nicht dauerhaft weich sein und eine merkwürdige Farbe aufweisen. Wenn Sie feststellen, dass etwas mit den Wachteln nicht in Ordnung ist, ist es ratsam, auf jeden Fall einen Tierarzt aufzusuchen, dennoch gibt es verschiedene Maßnahmen, die Sie ergreifen können, um die Genesung zu fördern.

Haben die Wachteln Schnupfen, werden Sie die Symptome wahrscheinlich schnell erkennen, denn sie sind genau dieselben wie bei menschlichem Schnupfen: eine laufende Nase, Niesen, tränende oder sogar entzündete Augen und Atmungsschwierigkeiten bzw. Ringen nach Luft. Um die anderen, gesunden Wachteln zu schützen, sollten Sie die Kranken von ihnen trennen. Dadurch haben die kranken Vögel auch die Möglichkeit, in Ruhe gesund zu werden.

Außerdem reinigen Sie den Stall und seine Einrichtungsgegenstände gründlich, damit Bakterien keine Chance haben, sich zu vermehren. Um das Ganze zu vermeiden, ist ein Schutz vor Feuchtigkeit und Zugluft die beste Vorbeugungsmaßnahme (mehr dazu im Kapitel „Haltung im Winter"). Eine gesunde Ernährung mit Vitaminen und Nährstoffen ist ebenfalls hilfreich (gerade für den Winter gibt es auch spezielle Vitamin-Präparate).

Die Newcastle-Krankheit ist schon ernster als Schnupfen. Es handelt sich um eine Viruskrankheit, die sich schnell verbreiten kann. Die Verbreitung geschieht über das Gefieder, die Eier, das Fleisch, Körperausscheidungen und die Atemluft. Sogar das Trocknen und Gefrieren kann dem Virus nichts anhaben, daher ist diese Krankheit auch meldepflichtig. Dass Ihre Wachteln die Newcastle-Krankheit haben, erkennen Sie daran, dass sie weniger Eier legen, grünlichen (manchmal auch blutigen) Durchfall haben, eine schleimbedeckte Nase, Schnabel oder Augen aufweisen und Lähmungserscheinungen.

Ist die Newcastle-Krankheit erkannt (das kann ein Tierarzt mit speziellen Methoden vornehmen) müssen die Wachteln eingeschläfert oder geschlachtet werden. Alles, was mit den erkrankten Vögeln in Berührung kam, muss gereinigt und desinfiziert werden. Als Vorbeugungsmaßnahme gegen die Newcastle-Krankheit gibt es eine Impfung und Sprays. Eine Impfpflicht besteht aber nicht, weil sie nicht speziell für Wachteln entwickelt wurde.

Weitere Erkrankungen sind Kokzidiose, eine Erkrankung des Darms und der Kloake durch Parasitenbefall, Legenot und Nährstoffmangel. Diesen können Sie wiederum, wie bereits erwähnt, gut vorbeugen, indem Sie besonders auf Hygiene achten und die Tiere behutsam behandeln. Den Rest kann nur der Tierarzt lösen.

Geben Sie Ihren Wachteln über eine gewisse Zeit Medikamente, denken Sie daran, dass Sie die Wachteleier nicht verzehren.

VERSORGUNG DER WACHTELN IM URLAUB

Genau wie bei anderen (Haus-)Tieren ist es notwendig, dass, wenn Sie im Urlaub sind, Ihre Wachteln weiterhin gut versorgt werden. Nur Futter- und Trinkautomaten aufzustellen, reicht nicht aus, denn diese kontrollieren den Zustand des Wassers und des Futters nicht. Wenn gegebenenfalls Dreck, Kot oder Parasiten ins Wasser oder Futter kommen, ist die Gesundheit Ihrer Tiere gefährdet, weil keiner das mitbekommen würde. Genauso hat niemand einen Blick auf den gesundheitlichen Zustand der Vögel. Daher sollten Sie eine Person finden, die sich während Ihrer Abwesenheit um die Wachteln kümmert. Empfehlenswert ist, dass diese Person zweimal täglich bei den Wachteln vorbeischaut, um Futter und Wasser nachzufüllen und zu überprüfen.

Je nachdem, wie lange Sie abwesend sind, sollten der/die Wachtelsitter/in auch Wissen über die artgerechte Haltung der Wachteln haben oder von Ihnen erhalten, da dann auch Aufgaben wie Stallreinigung und Pflege der Wachteln auf sie/ihn zukommen.

Wachteleier

Im Gegensatz zu Hühnern können Wachteln bis zu zwei Eier täglich legen (vor allem in den warmen Monaten möglich). Die Legeleistung ist zum Beispiel von der Wachtelrasse und den Haltungsbedingungen anhängig. Die Europäische Feldwachtel beispielsweise legt nur 4–6 Eier im Jahr. Die Rasse der Japanischen Legewachtel schafft bei idealen Bedingungen und in industrieller Haltung bis zu 330 Eier im Jahr. Wenn Sie sie als Hobby halten, erwarten Sie aber nicht allzu viel, denn da sind etwa 200 Eier wahrscheinlich. Ideale Bedingungen sorgen auch im Hinblick auf Legeleistung für viele gute Eier:

Die richtige, ausgewogene Ernährung (siehe Kapitel „Wachtel-Ernährung") und die passende Unterbringung in der passenden Temperatur (im Winter nicht unter -10 Grad Celsius). Wachteln sollten sich gut bewegen können, also ausreichend Platz haben. Während des Winters kann die Legeleistung geringer sein oder das Eierlegen wird sogar eingestellt. Der Grund dafür ist nicht die Kälte, sondern die kürzeren Tage. Um viele Eier zu legen, benötigen Wachteln am besten 12 Stunden Tageslicht. Im Winter haben Sie die Möglichkeit, mit einer zusätzlichen Lampe die Legeleistung ein wenig beeinflussen. Da diese Legepause aber nur natürlich ist, ist es empfehlenswert, darauf auch Rücksicht zu nehmen, sonst kann sich eine dauerhafte Beeinflussung der Legeleistung auch negativ auswirken. Wenn es Ihnen um die Wachteleier geht, ist es hilfreich, sich lieber nach und nach junge Wachteln zu kaufen, sodass Sie immer frische Wachteleier haben, denn ältere Vögel legen nicht mehr so viele Eier. Wachteln fangen etwa 8 Wochen nach dem Schlüpfen damit an, Eier zu legen, und haben etwa 1–2 Jahre lang eine hohe Legeleistung, die dann abfällt.

LEGENEST

Legenester sind Sammelorte, an denen die Wachteln ihre Eier legen können. Eines oder mehrere Legenester sind kein Muss, aber machen es für Sie einfacher, die Eier einzusammeln. Üblicherweise bauen sich die Wachteln ihre eigenen kleinen Nester oder Verstecke für ihre Eier, das heißt, sie legen die Eier in der gesamten Wachtelunterbringung ab. Deswegen und wegen der gut tarnenden Farbe, sie sind hell und braun gesprenkelt, werden Eier aber häufig übersehen. Sie gehen kaputt oder verschmutzen. Dagegen sind Legenester eine gute Lösung, denn die Eier sind an diesem speziellen Ort vor Verschmutzung und Zerbrechen gut geschützt. Sie als Halter/in sparen Zeit, denn das Suchen ist leichter.

Die Legenester können auch als Nistplatz genutzt werden, in dem Eier ausgebrütet werden. Haben Sie bereits eines, dann haben Sie es den Wachteln leichter gemacht, einen geeigneten Platz zum Brüten zu finden. Sind die Nester neu, haben Sie etwas Geduld, denn es kann ein bisschen dauern, bis die Wachteln sie akzeptieren. Sie haben die Möglichkeit, fertige Nester zu kaufen.

Sie bestehen aus Holz, Grasgeflecht oder Kunststoff. Wichtig ist dabei, dass es etwa so groß ist wie die Wachtel selbst. Wenn Sie ein Nest selbst bauen möchten, können Sie beispielsweise eine Kiste aus Holz bauen. Das Holz sollte nicht zu dünn sein und so behandelt, dass es feuchtigkeitsabweisend ist, damit es nicht aufquellen kann. Sorgen Sie noch für Öffnungen, damit die Wachteln herausschauen können. Sinnvoll ist es, die Öffnungen so groß zu machen, dass sie als Ein- und Ausstieg genutzt werden können.

Als Einstreu für die Nester können Sie auch das nehmen, was Sie für die restliche Unterbringung nutzen. Denken Sie dabei daran, dass Wachteln es gemütlich mögen und scharrbare Einstreu bevorzugen.

WACHTELEIER ESSEN

Haben Sie die braun gesprenkelten Wachteleier einmal gefunden, haben Sie tatsächlich recht gesunde Nahrungsmittel in den Händen. Warum? Wachteleier haben mehr Nährstoffe als Hühnereier. Sie enthalten zum Beispiel mehr Eisen, Vitamin B1, B12 und etwa 15 % weniger Cholesterin.

Die Wachteleier sind außerdem eine leckere Alternative für Menschen, die allergisch auf Hühnereiweiß reagieren, denn vom Geschmack her sind sie Hühnereiern sehr ähnlich, nur ein bisschen kräftiger und würziger. Weil sie so klein sind und dabei so gute Eigenschaften haben, gelten die Wachteleier damals wie heute als Delikatesse, auch, wenn sie heutzutage nicht mehr so selten und teuer sind.

ZUBEREITUNG VON WACHTELEI-ERN

Die Zubereitungsmethoden sind denen der Hühnereier sehr ähnlich. Der große Unterschied liegt in der Garzeit der Eier, denn Wachteleier sind kleiner. Ein Wachtelei wiegt zwischen 11–14 Gramm (aus Ihrer artgerechten Haltung oder in Bio-Qualität gekauft). Ein Hühnerei dagegen wiegt durchschnittlich ca. 50–60 Gramm, also wiegen 5 Wachteleier so viel wie ein Hühnerei. Das ist interessant, wenn Sie Rezepte umwandeln wollen und statt Hühnerei Wachteleier nutzen.

Möglichkeiten, sich die Eier zuzubereiten, gibt es genauso viele wie bei normalen Hühnereiern.

Die Schale ist etwas härter, daher nutzen Sie am besten ein Messer oder spezielle Wachtelei-Schere, um sie einzuschlagen. Sie können sie einfach weich, medium oder hart kochen. Kochen Sie Wasser in einem Topf und legen Sie dann die Eier hinein. Für ein weiches Ei benötigen Sie nur 2 Minuten, medium 3 Minuten und hart 4 Minuten. Spiegelei zu braten, ist genauso möglich. Dafür verwenden Sie aber ein paar mehr Wachteleier, um ein entsprechend großes Spiegelei zu erhalten. Dasselbe gilt für Rührei.

Für die Lagerung von Wachteleiern gilt, dass sie etwa 20 Tage nach dem Legen bei Zimmertemperatur gelagert werden können, wobei die Lagerung an einem kühlen Ort oder dem Kühlschrank von Vorteil ist. Nach den 20 Tagen sollten Sie sie aber auf jeden Fall in den Kühlschrank legen. Für die Lagerung von Wachteleiern gibt es übrigens spezielle Wachteleierkartons. Wenn Sie sich unsicher sind, ob die Eier noch genießbar sind, machen Sie den Test, indem Sie Wasser in ein Glas geben und das Ei hineinlegen. Schwimmt es oben, ist es nicht grundsätzlich verdorben, aber auch nicht mehr so lecker wie zu Anfang, denn mit der Zeit trocknen die Wachteleier immer mehr aus. Schon ab dem ersten Tag nach dem Legen schmecken die Eier sehr gut, aber am besten sind Wachteleier am 6. Tag nach dem Legen, da sind sie voll gereift und haben ihren Geschmack komplett entwickelt.

Wachtelzucht

D ie Eier, die Ihre Wachteln legen, müssen nicht nur verzehrt werden. Sie haben auch die Möglichkeit, in die Wachtelzucht einzusteigen. Um die Eier auszubrüten, haben Sie einerseits die Wahl der Naturbrut, andererseits der Kunstbrut. Dabei geht es um die Art, wie die Eier ausgebrütet werden.

NATURBRUT

Naturbrut bedeutet, dass die Wachtel-Hennen das Brüten selbst übernehmen. Dieser Fall tritt allerdings recht selten ein, da Wachteln kaum noch den Instinkt dafür haben, selbst auszubrüten. Ihre Vögel müssten dafür unter optimalen Bedingungen leben: viel Platz, täglich Auslauf, passende Rückzugsorte und viel Nestmaterial. Sie müssen sich besonders wohlfühlen, was nicht immer dauerhaft zu erreichen ist. Viele Züchter greifen zu Kunstbrut, da sie damit mehr erreichen und die Chancen höher sind, tatsächlich Küken auszubrüten.

KUNSTBRUT

Durch Kunstbrut simulieren Sie das Brüten der Wachtelhenne. Das Material, das Sie für die Kunstbrut brauchen, ist ein Brutautomat und ein Brutthermometer und die Bruteier, die Sie ausbrüten wollen. Es gibt zwei Arten von Brutautomaten: den Flächenbrüter und den Motorbrüter. Anfängern der Wachtelzucht empfehle ich eher den Motorbrüter, denn die Eier werden automatisch darin gewendet und der Brüter sorgt selbst für die geeignete Temperatur, sodass Sie sich darum nicht kümmern müssen. Nachteil ist nur, dass der Motorbrüter etwas teurer ist als der Flächenbrüter.

Für Ihre Wachtelzucht können Sie Ihre eigenen Wachteleier aus dem Stall nehmen oder Sie kaufen sich Eier, die speziell für die Brut gedacht sind. Bruteier sind bereits befruchtet, sodass daraus sehr wahrscheinlich ein Küken schlüpft. Außerdem sind die Eier schon nach bestimmten Kriterien vorsortiert. Wollen Sie keine Bruteier fertig kaufen, besteht die Möglichkeit, sie auch selbst aus Ihrer Wachtelhaltung auszusuchen. Die Eier aus Ihrem Stall sollten sehr sauber sein und nicht zu rund oder zu spitz. Nehmen Sie nur Eier von gesunden, mittelgroßen Wachteln, die auch gesundes Futter erhalten. Die Eier sollten ebenfalls mittelgroß sein, keine Kalkablagerungen aufweisen und auch keine Risse in der Schale haben. Eier von Wachteln, die verwandt sind, sind auch nicht geeignet.

Mit dem Brutthermometer kontrollieren Sie die Temperatur im Brutautomaten, die keinen zu großen Schwankungen unterliegen sollte.

START DES BRÜTENS

Das Brüten der Eier dauert etwa 17 Tage. Legen Sie die Eier in den Brüter (ich gehe bei dem

Prozess von einem Motorbrüter aus, der die Eier automatisch wendet). Die Starttemperatur sollte bei 37,8 Grad Celsius liegen, die Luftfeuchtigkeit bei 55 %. Bis zum 15. Tag sollte die Temperatur nicht mehr als 0,5 Grad Celsius schwanken. Der Automat wendet die Eier 3- bis 5-mal am Tag automatisch. Am siebten Tag können Sie testen, ob die Wachteleier auch befruchtet sind und dann die unbefruchteten Eier aus dem Brüter entfernen (das Schieren). Um zu sehen, ob die Eier befruchtet sind oder nicht, nutzen Sie eine Taschenlampe und gehen am besten in einen dunklen Raum, um in die Eier zu leuchten. Sie erkennen befruchtete Eier an einem dunklen Punkt im Inneren, von dem mehrere Äderchen ausgehen. Unbefruchtete Eier sind innen einfach nur gleichmäßig hell, abgestorbene Eier zeigen mehrere dunkle Punkte innen und riechen dazu auch noch unangenehm. Wenn Sie sich unsicher sind, legen Sie die Eier wieder in den Brutautomaten hinein. Es ist hilfreich, die Eier zu beschriften, damit Sie wissen, welche Eier Sie schon durchleuchtet haben und bei welchen Sie sich unsicher waren. Wenden Sie die Eier manuell oder automatisch 3- bis 5-mal am Tag bis einschließlich Tag 14.

Ab Tag 15 beginnen die Wachtelküken zu schlüpfen. Dafür können Sie die Temperatur auf 37,6 Grad Celsius herunterschrauben, die Luftfeuchtigkeit sollte aber auf 75 % gebracht werden. Je nach Modell Ihres Brutautomaten nehmen Sie den Brutaufsatz hinaus, denn die Eier müssen nicht mehr gewendet werden. Für die nächsten 2 Tage bis zum Schlüpfen öffnen Sie den Automaten am besten nicht mehr. Auch, wenn bereits Küken geschlüpft sind. Die Küken kommen erst aus dem Automaten, wenn sie einen Tag darin verbracht haben.

KÜKENAUFZUCHT

Als Unterbringung für Wachtelküken eignet sich schon ein großer Karton mit hohem Rand. Es gibt aber auch spezielle Kükenheime. Bereiten Sie am besten alles schon vor dem Schlüpfen der Küken vor. Für die ersten zwei Wochen legen Sie Küchenpapier oder Buchenhack auf dem Boden aus. Entscheiden Sie sich für Küchenpapier, sollten Sie es mehrmals täglich austauschen, um alles hygienisch sauber zu halten. Eher eignet sich da Buchenhack als Einstreu, da es hygienischer ist und nicht ganz so häufig ausgetauscht werden muss (die Eigenschaften erfahren Sie im Kapitel „Grundausstattung des Wachtelstalls" unter „Einstreu"). Achten Sie dabei darauf, dass das Buchenhack die richtige Stückchengröße hat, damit die Küken es nicht verschlucken.

Die beste Temperatur für die Küken ist 37 Grad Celsius, als würden Sie von einer Glucke aufgezogen. Die erreichen Sie mit einer Wärmelampe oder auch einer Wärmeplatte für Küken. Diese gilt als besonders naturnah, weil es sich für die Küken so anfühlt, von einer Glucke gewärmt zu werden. Eine Infrarotlampe ist nicht gut geeignet, denn sie wird zu heiß und es besteht Brandgefahr. Beleuchten Sie das Kükenheim mit ein wenig Licht, aber nicht zu grell, denn die Küken haben empfindliche Augen.

Wie bei erwachsenen Wachteln müssen ständig Futter und Wasser zur Verfügung stehen. Für das Wasser gibt es sogar besondere Kükentränken. Zum Schutz vor Krankheitserregern kontrollieren Sie das Wasser am besten mehrmals am Tag und reinigen Sie die Schalen und Tränken. Für Küken gibt es außerdem spezielles Futter, dass die Küken mit allen nötigen Nährstoffen versorgt, denn bei normalem Wachtelfutter ist der Rohproteingehalt nicht hoch genug. Nur mit Wachtelkükenfutter können sich die Jungtiere richtig entwickeln. In den ersten drei Wochen sind Snacks nicht erlaubt. Ebenso sollten Sie auf das Sandbad verzichten. Die Küken könnten den Sand sonst mit Futter verwechseln.

Wenn Sie die Wachtelküken in die Hand nehmen wollen, um sie an sich zu gewöhnen, ist das problemlos möglich (Kapitel: „Wachteln zähmen"), allerdings mit gewaschenen Händen.

DIE 9 HÄUFIGSTEN FEHLER BEI DER AUFZUCHT DER WACHTEL-KÜKEN

1. Ungeeignete Brüter:

Es gibt eine große Auswahl an Brütern für die Wachtelaufzucht. Bei der Auswahl sollten Sie nicht unbedingt immer den preisgünstigsten wählen. Wichtig beim Kauf des Brüters ist, dass dieser seine Temperatur halten kann, denn der Brüter simuliert die Glucke, die sonst die Eier brüten würde. Auch, wenn die Küken noch im Ei sind, brauchen die Eier gute Parameter, die der richtige

Brüter aufrechterhalten kann, denn sonst schlüpfen die Küken gar nicht erst oder kommen mit Deformierungen auf die Welt.

2. Schwankungen bei Temperatur und Luftfeuchtigkeit:

Auch gute Brüter können Schwankungen nicht aufhalten, wenn sie beispielsweise von außerhalb verursacht werden. Öffnen Sie die Brutmaschine zu oft, kann es die notwendigen Parameter für die Brut verändern und dazu führen, dass Ihre Küken erst gar nicht schlüpfen. Direkte Sonneneinstrahlung auf den Brüter ist ebenfalls nicht hilfreich, um Temperatur und Feuchtigkeit gleich zu halten.

3. Falsche Einstreu:

Es ist weitverbreitet, dass man für die Küken vor allem in den ersten Wochen auch Zeitungspapier oder sogar Hobelspäne als Untergrund nutzen kann. Das sollten Sie aber vermeiden, denn Hobelspäne könnte von den Küken mit Futter verwechselt werden. Zeitungspapier ist nicht saugfähig genug.

4. Falsches Futter:

Geben Sie den Küken das falsche Futter, hemmt dies die gute Entwicklung Ihrer Küken und kann sogar dazu führen, dass sie Fehlbildungen bekommen (Kreuzschnabel, gespreizte Beine) oder sogar frühzeitig versterben. Achten Sie darauf, dass sie wirklich Kükenfutter für Wachtelküken kaufen und schon parat haben, wenn die Küken schlüpfen.

5. Falsche Tränke:

Eine normale Wachteltränke ist nicht gut geeignet für die Küken. Sie sind so winzig, dass sie unter anderem in einer normalen Wachteltränke sogar ertrinken könnten. Kükentränken haben einen schmalen Rand, der gewährleistet, dass die Küken nicht zu nass werden, aber immer noch genug Trinkwasser erhalten.

6. Durchfall wird als normal und okay angesehen:

Das ist eine Fehleinschätzung, denn Durchfall bei Küken können Sie als kleines Warnzeichen sehen. Sie brauchen Flüssigkeit und wenn sie die verlieren, ist das nicht sehr gesund. Dagegen gehen Sie mit gutem Wachtelkükenfutter und guten hygienischen Bedingungen vor.

7. Küken können schnell mit ausgewachsenen Wachteln zusammengebracht werden:
Die Wachtelküken wachsen sehr schnell (nach 3 Wochen sehen sie schon beinahe ausgewachsen aus), machen schneller mehr Dreck und daher kommt der Irrtum, dass sie dann schon zu den Erwachsenen gebracht werden können. Es kann dann aber sein, dass die Großen die Küken angreifen. Außerdem brauchen die Küken bis zur 5. Woche Wachtelkükenfutter und nicht das normale Wachtelfutter. Das wäre aber nicht gegeben, wenn sie bereits im Stall der großen Wachteln hausen, denn die großen Wachteln dürfen kein Wachtelfutter bekommen.

8. Zu schnelle Änderungen des Klimas:
Manchmal entsteht der Irrglaube, dass, wenn die Küken schon Federn haben, sie auch direkt nach draußen gehen können. Das ist aber nicht der Fall, denn Sie haben die Kleinen die ganze Zeit bisher in warmer Umgebung gehalten. Sie plötzlich herauszubringen, geht dann zu schnell und sie

könnten sich unterkühlen oder erkälten. Entwöhnen Sie sie langsam von der Wärme der Lampe oder Platte.

9. Zu lange Fütterung von Kükenfutter und Wärme:

Wenn Sie die Wachteln zu lange wie Küken behandeln, ist es ebenfalls nicht gesund für sie. Mit 7 Wochen sind Ihre Küken ausgewachsen und sollten dann auch wie normale Wachteln behandelt werden. Bis zur 7. Woche gewöhnen Sie die Wachtelküken langsam an die normale Temperatur und an das normale Wachtelfutter.

Gesetze zur Wachtelhaltung

Auch, wenn Sie Wachteln nur zum Hobby halten, gibt es gesetzliche Regelungen einzuhalten und zu beachten.

MELDEPFLICHT

Es gibt bezüglich der Wachtelhaltung nur wenige gesetzliche Vorschriften in der EU und in Deutschland, gerade, wenn es um die Massentierhaltung zur Produktion von Wachteleiern und Wachtelfleisch geht. Aber auch Sie als Hobbyhalter müssen Ihre Wachtelhaltung in Deutschland registrieren. Die Vorgehensweise und Preise für die Registrierung unterscheiden sich allerdings von Bundesland zu Bundesland. Je nachdem, in welchem Bundesland Sie sind, müssen das Veterinäramt und die Tierseuchenkasse oder das Ordnungsamt eine Meldung erhalten. Hintergrund für die Meldung ist, dass man nachverfolgen kann, wo und wie sich eine Krankheit, wie zum Beispiel die Newcastle-Krankheit (Kapitel: „Pflege der Wachtel") verbreitet, und dementsprechend Maßnahmen ergreifen kann, um die Krankheit von der Verbreitung abzuhalten.

IMPFEN

Generell gibt es laut Veterinär- und Gesundheitsämtern keine gesetzliche Impfpflicht für Wachteln. Der Grund hierfür liegt darin, dass es keinen Impfstoff gibt, der speziell für Wachteln entwickelt ist. Tierärzte greifen dann zu Impfungen, die eigentlich für Hühner zugelassen und für Hühnerhalter auch gesetzlich verpflichtend sind. Diese Praxis führt oft zu der falschen Annahme, dass auch Wachteln geimpft werden müssten. Die Argumente für eine Impfung der Wachteln ist dazu häufig, dass Wachteln ebenso zur Art der Hühner-vögel gehören. Daher gibt es Wachtelhalter und Tierärzte, die Wachteln mit einer geringeren Do-sis des Impfstoffes impfen. Dennoch ist meine Empfehlung, von der Impfung abzusehen, denn bei Wachteln kann die Impfung zu allergischen Reaktionen, Müdigkeit und lokalen Schwellungen führen. Im schlimmsten Fall sterben Wachteln da-von.

Herstellung und Verlag:

BoD – Books on Demand, Norderstedt

ISBN: 9783755723691

Kontakt: Psiana eCom UG/ Berumer Str. 44/ 26844 Jemgum

Covergestaltung: Fenna Larsson

Coverfoto: depositphotos.com

FSC

www.fsc.org

MIX

Papier aus ver-
antwortungsvollen
Quellen

Paper from
responsible sources

FSC® C105338